APÉRO BLAGUES

BLAGUES BELGES

BLAGUES BELGES

Pourquoi les Belges sautent-ils sur leurs tuyaux d'arrosage ?

Pour avoir de l'eau plate.

APÉRO BLAGUES

BLAGUES BELGES

Pourquoi les Belges prennent-ils un bouclier les jours de paie ?

Parce qu'ils ont peur d'être payés au lance-pierre.

APÉRO BLAGUES

BLAGUES BELGES

BLAGUES BELGES

Pourquoi les Belges apportent-ils une hache quand ils sortent avec des amis ?

APÉRO BLAGUES

BLAGUES BELGES

BLAGUES BELGES

Pourquoi les Belges ne vont-ils jamais en vacances à Calais ?

Parce qu'il y a écrit « Pas-de-Calais », donc ils font demi-tour.

APÉRO BLAGUES

BLAGUES BELGES

BLAGUES BELGES

Pourquoi y a-t-il toujours deux verres, un plein et un vide, sur la table des Belges ?

Parce que parfois ils ont soif, parfois ils n'ont pas soif.

APÉRO BLAGUES

BLAGUES BELGES

BLAGUES BELGES

Pourquoi les Belges font-ils un footing avant de faire la vaisselle ?

Pour avoir de l'eau courante.

APÉRO BLAGUES

BLAGUES BELGES

BLAGUES BELGES

Pourquoi les Belges mettent-ils leur pyjama lorsqu'ils sont à moto ?

Pour se coucher dans les virages.

APÉRO BLAGUES

BLAGUES BELGES

BLAGUES BELGES

Pourquoi les footballeurs belges adorent-ils aller chez le coiffeur ?

Pour avoir enfin une coupe.

APÉRO

BLAGUES

BLAGUES BELGES

BLAGUES BELGES

Pourquoi ne pratique-t-on pas l'équitation en Belgique ?

Parce que les Belges mettent tous leurs chevaux dans les voitures.

APÉRO BLAGUES

BLAGUES BELGES

À quoi reconnaît-on un Belge qui joue à la pétanque ?

C'est le seul qui prépare la broche pour faire cuire le cochonnet.

APÉRO BLAGUES

BLAGUES BELGES

BLAGUES BELGES

Pourquoi les chiens belges ont-ils le museau tout plat ?

Parce qu'ils courent derrière des voitures à l'arrêt.

APÉRO BLAGUES

BLAGUES BELGES

BLAGUES BELGES

Pourquoi les Belges mangent-ils beaucoup de poisson lorsqu'ils sont malades ?

Parce qu'ils ont un chat dans la gorge.

APÉRO BLAGUES

BLAGUES BELGES

BLAGUES BELGES

Pourquoi les Belges se promènent-ils avec une portière de voiture ?

Pour ouvrir la fenêtre si besoin.

APÉRO BLAGUES

BLAGUES BELGES

Pourquoi les Belges soufflent-ils sur leur ventre quand ils n'arrivent pas à digérer ?

Parce qu'ils ont des brûlures d'estomac.

APÉRO BLAGUES

BLAGUES BELGES

BLAGUES BELGES

Pourquoi les Belges font-ils leurs courses en rampant en fin de mois ?

Pour trouver les prix les plus bas.

APÉRO BLAGUES

BLAGUES BELGES

BLAGUES BELGES

Pourquoi les Belges font-ils leurs courses en rampant en fin de mois ?

Pour trouver les prix les plus bas.

APÉRO BLAGUES

BLAGUES BELGES

BLAGUES BELGES

Pourquoi les Belges ne se marient-ils jamais avec leur fiancée ?

Parce qu'ils ne se marient qu'en famille : papy avec mamie, papa avec maman, pépé avec mémé...

APÉRO BLAGUES

BLAGUES BELGES

BLAGUES BELGES

Pourquoi les Belges ne changent-ils les couches de leur enfant qu'une fois par mois ?

Parce qu'il y a écrit « 3 à 5 kg » sur l'emballage.

APÉRO BLAGUES

BLAGUES BELGES

À quoi reconnaît-on un Belge dans une Formule 1 ?

C'est le seul avec une cravache.

APÉRO
BLAGUES

BLAGUES BELGES

BLAGUES BELGES

Pourquoi les Belges avalent-ils des patates en guise de vitamine le matin ?

Pour avoir la frite.

APÉRO BLAGUES

BLAGUES BELGES

BLAGUES BELGES

Pourquoi les bricoleurs belges s'entraînent-ils à jouer au tennis ?

Pour gagner la coupe Davis.

APÉRO BLAGUES

BLAGUES BELGES

Comment reconnaît-on un Belge sur les berges de la Seine ?

Il vaporise de l'insecticide sur les Bateaux-Mouches.

APÉRO BLAGUES

BLAGUES BELGES

BLAGUES BELGES

Pourquoi les Belges ne sont-ils pas des grands producteurs de poulet ?

Parce qu'ils plantent les œufs trop profond.

APÉRO BLAGUES

BLAGUES BELGES

Pourquoi les Belges ne boivent-ils pas de lait frais ?

Parce qu'ils n'arrivent pas à mettre une vache au réfrigérateur.

APÉRO BLAGUES

BLAGUES BELGES

BLAGUES BELGES

Pourquoi les serruriers belges se servent-ils d'une photocopieuse ?

Pour faire les doubles de clés.

APÉRO BLAGUES

BLAGUES BELGES

BLAGUES BELGES

Pourquoi les Belges n'appellent-ils jamais les pompiers ?

Parce qu'ils ne trouvent pas la touche 18 sur leur téléphone.

APÉRO BLAGUES

BLAGUES BELGES

Quelle inscription figure au fond des cannettes de bière belges ?

Ouvrir de l'autre côté.

APÉRO BLAGUES

BLAGUES BELGES

Comment fait-on couler un sous-marin belge ?

En frappant à la porte du sous-marin.

APÉRO BLAGUES

BLAGUES BELGES

BLAGUES BELGES

Pourquoi les femmes belges prennent-elles la pilule ?

Pour savoir quel jour on est.

APÉRO BLAGUES

BLAGUES BELGES

Pourquoi les Belges font-ils leurs courses avec un seau d'eau ?

Pour payer en liquide.

APÉRO BLAGUES

BLAGUES BELGES

Combien faut-il de Belges pour remplacer une ampoule ?

Cinq. Un qui monte sur la table et quatre autres qui tournent la table.

APÉRO
BLAGUES

BLAGUES BELGES

Qu'est-ce qui est brûlé, les cheveux tout frisés et qui est accroché au plafond ?

Un Belge qui a voulu changer une ampoule.

APÉRO BLAGUES

BLAGUES BELGES

Pourquoi les Belges remplissent-ils leur congélateur de glaçons ?

Pour être sûr qu'il reste bien froid.

APÉRO BLAGUES

BLAGUES GRINÇANTES

BLAGUES GRINÇANTES

Un homme avec un cheveu sur la langue entre dans un bar. La serveuse lui demande :

« Bonjour, que voulez-vous ?

– Une 16, s'il vous plaît.

– Une 1664 ?

– Non... une 16 !

– Euh... une bière ? Une blonde, une brune ?

– Ben non, une 16 pour m'asseoir ! »

APÉRO BLAGUES

BLAGUES GRINÇANTES

BLAGUES GRINÇANTES

Dans un asile, un fou se promène avec une brosse accrochée au bout d'une laisse. Le gardien, sachant qu'il est fou, lui dit :

« Il est mignon, votre chien. »

Le fou le regarde bizarrement et lui dit :

« Qu'est-ce que vous racontez ? Ce n'est pas un chien, c'est une brosse ! »

Le gardien s'en va, un peu confus. Le fou s'adresse alors à sa brosse et lui dit :

« On l'a bien eu, hein Médor ? »

APÉRO BLAGUES

BLAGUES GRINÇANTES

BLAGUES GRINÇANTES

Deux hommes discutent au café du coin :

« T'es bête, toi ! T'es vraiment trop bête ! C'est pas possible d'être bête comme ça ! Je n'ai jamais vu une andouille comme toi ! Tiens, je vais te dire, s'il existait un concours d'andouilles, tu finirais deuxième !

– Pourquoi deuxième ?

– Parce que t'es trop bête pour finir premier ! »

APÉRO BLAGUES

BLAGUES GRINÇANTES

BLAGUES GRINÇANTES

Un médecin s'adresse d'un air grave à son patient :

« J'ai deux mauvaises nouvelles à vous annoncer. La première, c'est que vous avez un cancer.

– Ah, et la deuxième ?

– Vous avez la maladie d'Alzheimer…

– Ah ! Ouf ! Tant que je n'ai pas le cancer… »

APÉRO BLAGUES

BLAGUES GRINÇANTES

Une maman dit à son fils :
« N'oublie pas que nous sommes sur terre pour travailler.
– Bon, alors moi, plus tard, je serai marin ! »

APÉRO BLAGUES

BLAGUES GRINÇANTES

Pourquoi appelle-t-on le dictionnaire Larousse et pas Lablonde ?

Si le dictionnaire s'appelait Lablonde, il n'y aurait que deux pages !

APÉRO BLAGUES

BLAGUES GRINÇANTES

BLAGUES GRINÇANTES

Aujourd'hui, à l'école, c'est le jour de la photo de classe. La maîtresse dit à ses élèves :

« Faites de beaux sourires. Plus tard, quand vous serez grands, vous serez contents de revoir cette photo. Vous pourrez dire : "Là, c'est Alexia qui est devenue médecin ou c'est Lucas qui est devenu policier." »

Alors le petit Léopold répond :

« Oui et on pourra dire aussi : "Et là, c'est la maîtresse, elle est morte ! "»

APÉRO BLAGUES

BLAGUES GRINÇANTES

BLAGUES GRINÇANTES

Deux patrons d'entreprise discutent :
« Comment fais-tu pour que tes employés arrivent toujours à l'heure le matin ?
– Facile ! J'ai 20 salariés et seulement 15 places de parking ! »

APÉRO BLAGUES

BLAGUES GRINÇANTES

BLAGUES GRINÇANTES

Une femme entre dans un bar et s'approche du barman. Elle lui demande :
« Où sont vos toilettes ?
– De l'autre côté. »
La femme se déplace et lui demande dans l'autre oreille :
« Où sont vos toilettes ? »

APÉRO BLAGUES

BLAGUES GRINÇANTES

BLAGUES GRINÇANTES

Un mari rentre chez lui et trouve sa femme dans le lit conjugal avec un autre homme :

« Mais je ne comprends pas ! Qu'est-ce que vous faites ? »

La femme se tourne vers son amant et dit :

« Tu vois, je te l'avais bien dit qu'il était idiot. »

APÉRO BLAGUES

BLAGUES GRINÇANTES

BLAGUES GRINÇANTES

C'est la période des soldes. Un homme demande à son patron :

« Chef, me laisseriez-vous partir du bureau deux heures plus tôt pour pouvoir aller faire du shopping avec ma femme ?

– Hors de question !

– Merci, chef. Je savais que vous ne me laisseriez pas tomber ! »

APÉRO BLAGUES

BLAGUES GRINÇANTES

BLAGUES GRINÇANTES

Quelle est la différence entre un accident et une catastrophe ?

Un accident, c'est quand ta belle-mère saute par la fenêtre et une catastrophe, c'est quand elle se relève !

APÉRO BLAGUES

BLAGUES GRINÇANTES

Une femme demande à son mari :
« Quel genre de femme préférerais-tu avoir ? Une femme très intelligente ou une femme très belle ?
– Aucune des deux, chérie. Tu sais bien que c'est toi que j'ai choisie. »

APÉRO BLAGUES

BLAGUES GRINÇANTES

BLAGUES GRINÇANTES

Un homme se promène au bord d'un lac quand, tout à coup, il aperçoit quelqu'un qui se débat dans l'eau en criant :

« Help ! Help ! »

Il lui répond alors :

« Eh, ça t'apprendra ! Tu ne crois pas que tu aurais mieux fait d'apprendre à nager au lieu d'apprendre l'anglais ? »

APÉRO BLAGUES

BLAGUES GRINÇANTES

BLAGUES GRINÇANTES

Comment reconnaît-on qu'une femme est sur le point de dire quelque chose d'intelligent ?

Elle commence sa phrase par : « Mon mari m'a dit que... »

APÉRO BLAGUES

BLAGUES GRINÇANTES

BLAGUES GRINÇANTES

X au carré se balade dans la forêt. Quand il en ressort, il n'est qu'un simple X, pourquoi ?

Parce qu'il a trébuché sur une racine.

APÉRO BLAGUES

BLAGUES GRINÇANTES

BLAGUES GRINÇANTES

« Maman, je voudrais épouser une fille, mais j'aimerais avoir ton avis. » Le soir même, le fils vient dîner avec trois copines toutes jolies, drôles et intelligentes. Puis, elles s'en vont.

« Alors, maman, dit Rémi, as-tu trouvé laquelle est la femme de ma vie ?

– Ce ne serait pas celle avec la chemise et le gilet bleu ?

– Si ! Mais comment as-tu fait pour savoir que c'était elle ? » Et la mère répond : « J'sais pas... J'l'aime pas ! »

APÉRO BLAGUES

BLAGUES GRINÇANTES

BLAGUES GRINÇANTES

À la maternité, un homme fraîchement papa s'inquiète et demande à la sage-femme :

« Vous trouvez que mon fils me ressemble ?

– Oui, mais ce n'est pas si grave. L'essentiel, c'est qu'il soit en bonne santé ! »

APÉRO BLAGUES

BLAGUES GRINÇANTES

BLAGUES GRINÇANTES

Comment une blonde fait-elle pour tuer son poisson rouge, dont elle veut se débarrasser ?

Elle lui met la tête sous l'eau pour le noyer.

APÉRO BLAGUES

BLAGUES GRINÇANTES

BLAGUES GRINÇANTES

Un homme arrive au travail la tête bandée. Son collègue lui demande :

« Que t'est-il arrivé ? Tu as eu un accident ?

– Oui, un accident de chasse.

– Je ne savais pas que tu étais chasseur…

– Non, non, pas vraiment. J'étais chez moi, j'ai tiré la chasse d'eau et je me suis pris tout le bloc sur la figure ! »

APÉRO BLAGUES

BLAGUES GRINÇANTES

BLAGUES GRINÇANTES

Quel est le jeu préféré des fonctionnaires ?

Le mikado. C'est le premier qui bouge qui a perdu.

APÉRO BLAGUES

BLAGUES GRINÇANTES

Une femme se regarde dans la glace et dit à son mari :
« Oh, là, là, c'est pas possible ! Je me sens grosse et moche en ce moment.
– Mais non, t'es pas moche… »

APÉRO BLAGUES

BLAGUES GRINÇANTES

Deux militaires discutent :
« Pourquoi tu t'es engagé dans l'armée, toi ?
– Parce que je suis célibataire et que j'aime la guerre… Et toi ?
– Bah, moi, parce que je suis marié et que je voulais la paix ! »

APÉRO BLAGUES

BLAGUES GRINÇANTES

BLAGUES GRINÇANTES

Un homme tout content dit à son meilleur ami :

« J'ai battu un record !

– Ah bon, lequel ?

– J'ai réussi à faire en 15 jours un puzzle sur lequel il y avait écrit " de 3 à 5 ans " ! »

APÉRO BLAGUES

BLAGUES GRINÇANTES

BLAGUES GRINÇANTES

Un avion avec 200 passagers à bord survole un hôpital psychiatrique. Soudain, le pilote éclate de rire.

L'hôtesse lui demande la raison de son hilarité.

Le pilote répond :

« Oh, rien. J'imagine juste la tête qu'ils vont faire quand ils vont se rendre compte que je ne suis pas là ! »

APÉRO BLAGUES

BLAGUES PÊLE-MÊLE

BLAGUES PÊLE-MÊLE

Quelle est la mamie qui fait peur aux voleurs ?

Mamie Traillette.

APÉRO BLAGUES

BLAGUES PÊLE-MÊLE

BLAGUES PÊLE-MÊLE

Deux Belges sont en voiture quand, tout à coup, un oiseau dépose une fiente sur le pare-brise. L'un des deux dit :

« Va falloir l'essuyer. »

L'autre rétorque :

« Ça ne sert à rien. Il est déjà trop loin. »

APÉRO BLAGUES

BLAGUES PÊLE-MÊLE

BLAGUES PÊLE-MÊLE

Une très belle femme frappe à la porte de son voisin et lui dit :

« J'ai tellement envie de boire un verre, de danser, de rigoler, de m'amuser... Vous êtes occupé ce soir ?

– Non, répond le voisin, tout content.

– Alors, vous pouvez garder mon chien ? »

APÉRO BLAGUES

BLAGUES PÊLE-MÊLE

BLAGUES PÊLE-MÊLE

Une femme brune demande à sa copine blonde :

« Alors, ton régime, tu continues ? Ça fonctionne ?

– Oh, oui ! À midi, j'ai brûlé au moins 1 000 calories !

– Ouah ! Comment as-tu fait ?

– J'ai oublié la pizza dans le four ! »

APÉRO

BLAGUES

BLAGUES PÊLE-MÊLE

Une femme entre dans la salle de bains et voit son mari qui se pèse sur la balance. Elle lui dit :
« Tu sais, ça ne sert à rien de rentrer ton ventre. Tu ne feras pas baisser le poids !
– Je sais, je sais, répond-il. Mais, au moins, ça me permet de le lire ! »

APÉRO BLAGUES

BLAGUES PÊLE-MÊLE

Qu'est-ce qu'un roux sur un scooter ?

Un trois-roues.

APÉRO BLAGUES

BLAGUES PÊLE-MÊLE

BLAGUES PÊLE-MÊLE

Deux anges dans le ciel font la causette.
« Quel temps fera-t-il demain ?
– Nuageux.
Ah ! Super, on pourra enfin s'asseoir ! »

APÉRO BLAGUES

BLAGUES PÊLE-MÊLE

BLAGUES PÊLE-MÊLE

Une femme blonde vient d'accoucher de jumeaux. Elle pleure à chaudes larmes. L'infirmière lui dit alors :
« Mais voyons, madame ! Pourquoi pleurez-vous ? Vous êtes maman de deux beaux bébés, en parfaite santé !
– Je sais, répond la jeune femme, mais je ne sais pas qui est le père du deuxième ! »

APÉRO BLAGUES

BLAGUES PÊLE-MÊLE

BLAGUES PÊLE-MÊLE

Un enfant demande à sa mère :
« Maman, qui m'a donné mon intelligence ?
– Ça doit être ton père. Moi, j'ai encore la mienne ! »

APÉRO BLAGUES

BLAGUES PÊLE-MÊLE

BLAGUES PÊLE-MÊLE

Une femme se rend chez son médecin et lui dit :

« Quand je mange des huîtres, après j'ai très mal au ventre. Je n'arrive pas à les digérer. »

Le médecin lui demande si elles étaient fraîches lors de l'ouverture des coquilles.

La femme répond, étonnée :

« Ah ? Parce qu'il fallait les ouvrir ? »

APÉRO BLAGUES

BLAGUES PÊLE-MÊLE

Le petit Antoine demande à sa maman : « Maman, tu dis que tatie et tonton sont du Midi. Mais, nous, on est du matin ou du soir ? »

APÉRO BLAGUES

BLAGUES PÊLE-MÊLE

BLAGUES PÊLE-MÊLE

La maman de Lola lui demande :
« Combien font 2 + 2 ?
– 4 ! » répond Lola.
Sa maman, très fière de sa petite fille, lui donne pour la récompenser 4 bonbons.
Lola soupire...
« Oh zut, si j'avais su, j'aurais dit 5 ! »

APÉRO BLAGUES

BLAGUES PÊLE-MÊLE

BLAGUES PÊLE-MÊLE

À quoi reconnaît-on un Belge dans un zoo ?

C'est le seul à attendre que les singes lui lancent des cacahouètes.

APÉRO BLAGUES

BLAGUES PÊLE-MÊLE

BLAGUES PÊLE-MÊLE

Une maman vient d'avoir un second bébé. Dans la nuit, il se mêt à pleurer. En se levant, la maman dit :
« Je vais devoir le changer ! »
La grande soeur, entendant cela, dit à sa maman :
« Oh oui, change-le et prends-en un autre qui pleure moins ! »

APÉRO BLAGUES

BLAGUES PÊLE-MÊLE

BLAGUES PÊLE-MÊLE

Deux amies discutent :

« Cela fait longtemps que tu es célibataire. Quand vas-tu trouver un amoureux ?

– Je ne sais pas. Je cherche l'homme parfait.

– C'est quoi, pour toi, l'homme parfait ?

– Il doit être droit, ouvert, et me protéger !

– Alors, achète-toi plutôt un parapluie ! »

APÉRO BLAGUES

BLAGUES PÊLE-MÊLE

Un couple prend l'avion pour la première fois. L'homme regarde à travers le hublot et dit à sa femme :

« Oh, là, là, regarde ! On est tellement hauts que les gens ressemblent à de petites fourmis !

– Euh, oui, chéri, ce sont de vraies fourmis, on n'a pas encore décollé. »

APÉRO BLAGUES

BLAGUES PÊLE-MÊLE

BLAGUES PÊLE-MÊLE

Dans le train, un contrôleur dit à une femme :

« Votre billet est pour Lille alors que ce train va à Paris.

– Oh, c'est énervant ! Ça arrive souvent au conducteur de se tromper de trajet ? »

APÉRO BLAGUES

BLAGUES PÊLE-MÊLE

BLAGUES PÊLE-MÊLE

Un homme drague lourdement une demoiselle en boîte de nuit :

« Eh, mademoiselle ! Tu es trop belle ! Ton visage doit faire tourner quelques têtes ! »

Et elle répond avec un grand sourire :

« Oui et toi, avec ta tête, tu dois retourner quelques estomacs ! »

APÉRO BLAGUES

BLAGUES PÊLE-MÊLE

BLAGUES PÊLE-MÊLE

Deux enfants discutent :
« Ton père porte une moustache ?
– Non. Pourquoi ?
– Oh, pour rien. Alors c'est ta mère que j'ai vue hier. »

APÉRO BLAGUES

BLAGUES PÊLE-MÊLE

BLAGUES PÊLE-MÊLE

Un Belge entre dans une boutique pour acheter un portable à sa fille.

Le vendeur lui demande :

« SFR ?

– Ben, elle va lire le mode d'emploi comme tout le monde ! »

APÉRO BLAGUES

BLAGUES PÊLE-MÊLE

BLAGUES PÊLE-MÊLE

Un Belge rencontre une Américaine et l'aborde après lui avoir offert un café : « Je serais tellement content d'avoir un rendez-vous avec vous ce soir. »

L'Américaine lui répond alors :

« Never !

– Never et demi ? ! »

APÉRO BLAGUES

BLAGUES PÊLE-MÊLE

BLAGUES PÊLE-MÊLE

Un Belge pousse sa voiture flambant neuve sur l'autoroute. Un gendarme s'arrête et lui demande quelle est la panne. Le Belge lui répond : « Non, non. Elle n'est pas en panne. Elle est neuve, mais le garagiste m'a dit que, pendant le rodage, je devais rouler à 50 km/h en ville et la pousser un peu sur l'autoroute. Alors c'est ce que je fais ! »

APÉRO
BLAGUES

BLAGUES PÊLE-MÊLE

Une maman moustique avertit ses petits :
« Ne vous approchez jamais des humains, ils ne cherchent qu'à nous tuer.
– C'est faux, lui répond un de ses petits. Hier, il y en a un qui a passé la soirée à m'applaudir ! »

APÉRO BLAGUES

BLAGUES PÊLE-MÊLE

BLAGUES PÊLE-MÊLE

Un romain rentre dans un bar et demande au barman un Martinus :
« Un Martini plutôt non ?
– Si j'en avais voulu plusieurs, je vous l'aurais signalé. »

APÉRO BLAGUES

BLAGUES PÊLE-MÊLE

BLAGUES PÊLE-MÊLE

Une souris et un éléphant courent dans la savane... La souris se retourne et dit: « T'as vu la poussière qu'on fait ! »

APÉRO BLAGUES

BLAGUES DE TOTO

BLAGUES DE TOTO

Que trouve-t-on à l'intérieur du nez de Toto ?

Ses empreintes digitales.

APÉRO BLAGUES

BLAGUES DE TOTO

BLAGUES DE TOTO

Que fait Toto quand il ne se sent pas bien ?

Il se fait sentir par quelqu'un d'autre...

APÉRO
BLAGUES

BLAGUES DE TOTO

BLAGUES DE TOTO

Pourquoi Toto a-t-il des trous de mémoire ?

Parce qu'il se creuse la tête.

APÉRO BLAGUES

BLAGUES DE TOTO

BLAGUES DE TOTO

Pourquoi Toto aurait-il préféré vivre au Moyen Âge ?

Pour avoir moins d'histoire à apprendre.

APÉRO

BLAGUES

BLAGUES DE TOTO

Pourquoi Toto prend-il un fusil aux toilettes ?

Pour tirer la chasse.

APÉRO BLAGUES

BLAGUES DE TOTO

BLAGUES DE TOTO

Pourquoi Toto prend-il un fusil aux toilettes ? (bis !)

Pour chasser les mauvaises odeurs.

APÉRO

BLAGUES

BLAGUES DE TOTO

BLAGUES DE TOTO

Quelle matière Toto déteste-t-il le plus à l'école ?

Les maths, car ça lui pose des problèmes.

APÉRO BLAGUES

BLAGUES DE TOTO

BLAGUES DE TOTO

Pourquoi ne trouve-t-on plus de salière chez Toto ?

Parce qu'il n'a pas réussi à la remplir par les petits trous.

APÉRO BLAGUES

BLAGUES DE TOTO

BLAGUES DE TOTO

Pourquoi Toto a-t-il les cheveux mouillés lorsqu'il va se coucher ?

Parce qu'il fait un bisou à son poisson rouge pour lui dire bonne nuit.

APÉRO BLAGUES

BLAGUES DE TOTO

BLAGUES DE TOTO

Pourquoi Toto demande-t-il des bouteilles vides à sa maman pour son anniversaire ?

Pour ses amis qui n'ont pas soif.

APÉRO BLAGUES

BLAGUES DE TOTO

BLAGUES DE TOTO

Pourquoi Toto laisse-t-il la porte des toilettes ouverte ?

Parce qu'il a peur que quelqu'un regarde par le trou de la serrure.

APÉRO BLAGUES

BLAGUES DE TOTO

BLAGUES DE TOTO

Quelle est la différence entre Toto et un miroir ?

Le miroir réfléchit, lui.

APÉRO BLAGUES

BLAGUES DE TOTO

BLAGUES DE TOTO

Quel est le point commun entre un camion et Toto ?

Ils sont tous les deux très lourds.

APÉRO BLAGUES

BLAGUES DE TOTO

BLAGUES DE TOTO

Pourquoi Toto va-t-il au cinéma en jogging ?

Parce qu'il y a écrit « No smoking ».

APÉRO BLAGUES

BLAGUES DE TOTO

BLAGUES DE TOTO

Comment reconnaît-on Toto dans un aéroport ?

C'est le seul qui ait des graines dans la main pour faire avancer les avions.

APÉRO BLAGUES

BLAGUES DE TOTO

BLAGUES DE TOTO

Pourquoi Toto dit-il « cheeeese » quand il y a un orage ?

Pour avoir un beau sourire sur la photo.

APÉRO BLAGUES

BLAGUES DE TOTO

BLAGUES DE TOTO

Quelle est la différence entre Toto et un galet ?

Le galet est poli, lui.

APÉRO BLAGUES

BLAGUES DE TOTO

Pourquoi Toto nage-t-il toujours au fond de la piscine ?

Parce qu'au fond, il n'est pas si bête !

APÉRO BLAGUES

BLAGUES DE TOTO

BLAGUES DE TOTO

Pourquoi Toto a-t-il le mal de mer quand il utilise un éventail ?

Parce qu'il bouge la tête.

APÉRO BLAGUES

BLAGUES DE TOTO

Pourquoi Toto répond-il toujours à l'écho ?

Parce qu'il veut avoir le dernier mot.

APÉRO BLAGUES

BLAGUES DE TOTO

BLAGUES DE TOTO

Quelle est la différence entre Toto et le facteur ?

Le facteur a beaucoup d'adresses, lui.

APÉRO BLAGUES

BLAGUES DE TOTO

BLAGUES DE TOTO

Pourquoi Toto court-il autour de son école ?

Pour poursuivre ses études.

APÉRO BLAGUES

BLAGUES DE TOTO

BLAGUES DE TOTO

Quand Toto s'appuie contre un mur, pourquoi celui-ci s'écroule-t-il ?

Parce que c'est le plus intelligent qui cède.

APÉRO BLAGUES

BLAGUES DE TOTO

BLAGUES DE TOTO

Comment Toto fait-il refroidir son chocolat chaud ?

Il met du sucre glace.

APÉRO BLAGUES

BLAGUES DE TOTO

BLAGUES DE TOTO

Pourquoi les parents de Toto savent-ils toujours que leur fils s'est servi de l'ordinateur ?

Parce qu'il y a du Tipp-Ex sur l'écran.

APÉRO BLAGUES

BLAGUES DE TOTO

BLAGUES DE TOTO

Comment fait Toto pour descendre d'un arbre ?

Il attend l'automne, que les feuilles tombent.

APÉRO BLAGUES

BLAGUES DE TOTO

Pourquoi Toto n'a-t-il pas d'ordinateur ?

Parce qu'il a peur des souris.

APÉRO BLAGUES

BLAGUES DE TOTO

BLAGUES DE TOTO

Que fait Toto quand il tombe à l'eau ?

Plouf !

APÉRO BLAGUES

BLAGUES DE TOTO

BLAGUES DE TOTO

Pourquoi n'a-t-on jamais vu le fantôme de Toto ?

Parce qu'il n'a pas d'esprit.

APÉRO BLAGUES

BLAGUES DE TOTO

BLAGUES DE TOTO

Pourquoi Toto ne met-il pas sa main devant la bouche quand il tousse ?

Parce qu'il a remarqué que ça ne l'empêchait pas de tousser.

APÉRO BLAGUES

BLAGUES DE TOTO

BLAGUES DE TOTO

Pourquoi Toto lance-t-il du pain contre un mur ?

Pour casser la croûte.

APÉRO BLAGUES

BLAGUES DE TOTO

BLAGUES DE TOTO

Qu'est-ce que Toto use le plus à l'école ?

Ses professeurs.

APÉRO BLAGUES

DRÔLES DE DEVINETTES

DRÔLES DE DEVINETTES

Que dit une vis à un tournevis ?

« Tu me fais tourner la tête. »

APÉRO BLAGUES

DRÔLES DE DEVINETTES

DRÔLES DE DEVINETTES

Comment appelle-t-on un oiseau qui ne se gratte que d'un côté ?

Un oiseau migrateur (mi-gratteur).

APÉRO BLAGUES

DRÔLES DE DEVINETTES

DRÔLES DE DEVINETTES

Qu'est-il impossible de ramasser quand elle est tombée ?

La nuit.

APÉRO BLAGUES

DRÔLES DE DEVINETTES

Quel est le sport le plus fruité ?

La boxe amateur, parce que quand on te met une pêche dans la poire, tu tombes dans les pommes et tout ça pour des prunes.

APÉRO BLAGUES

DRÔLES DE DEVINETTES

DRÔLES DE DEVINETTES

Pourquoi les aiguilles sont moins malignes que les épingles ?

Parce qu'elles n'ont pas de tête.

APÉRO BLAGUES

DRÔLES DE DEVINETTES

DRÔLES DE DEVINETTES

Qu'est-ce qui a un dos et des pieds, mais qui ne peut pas marcher ?

La chaise.

APÉRO BLAGUES

DRÔLES DE DEVINETTES

DRÔLES DE DEVINETTES

Qu'est-ce qui se brise dès qu'on prononce son nom ?

Le silence.

APÉRO BLAGUES

DRÔLES DE DEVINETTES

DRÔLES DE DEVINETTES

Quel est le futur de « je baille » ?

Je dors.

APÉRO BLAGUES

DRÔLES DE DEVINETTES

DRÔLES DE DEVINETTES

Quel est le dessert préféré des dictionnaires ?

Le mille-feuille.

APÉRO BLAGUES

DRÔLES DE DEVINETTES

DRÔLES DE DEVINETTES

Qu'est-ce qui est à la tête de l'Angleterre et sans qui Paris serait pris ?

La lettre A, car Angleterre débute par un A et Paris sans A = Pris.

APÉRO BLAGUES

DRÔLES DE DEVINETTES

Que dit un chat qui entre dans une pharmacie ?

« Bonjour, je voudrais du sirop pour matou. »

APÉRO BLAGUES

DRÔLES DE DEVINETTES

DRÔLES DE DEVINETTES

Que raconte une maman dinosaure à son petit pour l'endormir ?

Une préhistoire.

APÉRO BLAGUES

DRÔLES DE DEVINETTES

DRÔLES DE DEVINETTES

Qu'est-ce qui est à la fin de la terre et au milieu de la mer ?

La lettre E (terrE et mEr).

APÉRO BLAGUES

DRÔLES DE DEVINETTES

DRÔLES DE DEVINETTES

Qu'est-ce qui vit dans un palais et peut porter une couronne, sans être ni reine ni roi ?

Une dent.

APÉRO BLAGUES

DRÔLES DE DEVINETTES

DRÔLES DE DEVINETTES

Qu'est-ce qui voyage autour du monde tout en restant dans son coin ?

Le timbre-poste.

APÉRO BLAGUES

DRÔLES DE DEVINETTES

DRÔLES DE DEVINETTES

Quel est l'animal qui marche sur la tête ?

Le pou.

APÉRO BLAGUES

DRÔLES DE DEVINETTES

DRÔLES DE DEVINETTES

Quelles sont les trois lettres de l'alphabet que les parents utilisent le plus ?

O-B-I (obéis).

APÉRO BLAGUES

DRÔLES DE DEVINETTES

DRÔLES DE DEVINETTES

Quel est le fruit que les poissons détestent ?

La pêche.

APÉRO BLAGUES

DRÔLES DE DEVINETTES

DRÔLES DE DEVINETTES

Que dit un tigre lorsqu'il rencontre une tigresse ?

« Nous sommes *félins* pour l'autre. »

APÉRO BLAGUES

DRÔLES DE DEVINETTES

DRÔLES DE DEVINETTES

Quel est le temps qui ne fait jamais de fautes ?

Le plus-que-parfait.

APÉRO BLAGUES

DRÔLES DE DEVINETTES

Quel est le cheval préféré des vampires ?

Le pur-sang.

APÉRO BLAGUES

DRÔLES DE DEVINETTES

DRÔLES DE DEVINETTES

Que disent deux poissons qui croisent une étoile de mer ?

« Fais gaff e, v'la le shérif ! »

APÉRO BLAGUES

DRÔLES DE DEVINETTES

DRÔLES DE DEVINETTES

Qu'est-ce qui commence la nuit et finit le matin ?

La lettre N, car on écrit Nuit et matiN.

APÉRO BLAGUES

DRÔLES DE DEVINETTES

DRÔLES DE DEVINETTES

Qu'est-ce qui pleure si on lui fait tourner la tête ?

Un robinet.

APÉRO BLAGUES

DRÔLES DE DEVINETTES

DRÔLES DE DEVINETTES

Que fait un chat près d'un ordinateur ?

Il espionne la souris.

APÉRO BLAGUES

DRÔLES DE DEVINETTES

DRÔLES DE DEVINETTES

Que fait un boxeur fatigué ?

Il dort à poings fermés.